# This Recipe Book Belongs to:

_____

# Recipe

**SERVES:** **PREP TIME:** **BAKE TIME:**

## Ingredients

## Instructions

| SERVES: | PREP TIME: | BAKE TIME: |

## *Ingredients*

## *Instructions*

# Recipe

**SERVES:** | **PREP TIME:** | **BAKE TIME:**

## Ingredients

## Instructions

| SERVES: | PREP TIME: | BAKE TIME: |

## Ingredients

- [ ] 
- [ ] 
- [ ] 
- [ ] 
- [ ] 
- [ ] 
- [ ] 
- [ ] 
- [ ] 
- [ ] 
- [ ] 
- [ ] 
- [ ] 
- [ ] 

## Instructions

# Recipe

**SERVES:** | **PREP TIME:** | **BAKE TIME:**

## Ingredients

## Instructions

| SERVES: | PREP TIME: | BAKE TIME: |

## *Ingredients*

## *Instructions*

| SERVES: | PREP TIME: | BAKE TIME: |

## *Ingredients*

## *Instructions*

# Recipe

**SERVES:** | **PREP TIME:** | **BAKE TIME:**

## Ingredients

## Instructions

**SERVES:**     **PREP TIME:**     **BAKE TIME:**

## Ingredients

## Instructions

| SERVES: | PREP TIME: | BAKE TIME: |

## Ingredients

## Instructions

# Recipe

**SERVES:** | **PREP TIME:** | **BAKE TIME:**

## Ingredients

## Instructions

| SERVES: | PREP TIME: | BAKE TIME: |

## *Ingredients*

## *Instructions*

# Recipe

**SERVES:** **PREP TIME:** **BAKE TIME:**

## Ingredients

## Instructions

| SERVES: | PREP TIME: | BAKE TIME: |

## *Ingredients*

## *Instructions*

# Recipe

**SERVES:** | **PREP TIME:** | **BAKE TIME:**

## Ingredients

## Instructions

**SERVES:** | **PREP TIME:** | **BAKE TIME:**

## *Ingredients*

## *Instructions*

**SERVES:**     **PREP TIME:**     **BAKE TIME:**

## *Ingredients*

## *Instructions*

| SERVES: | PREP TIME: | BAKE TIME: |

## *Ingredients*

- ☐
- ☐
- ☐
- ☐
- ☐
- ☐
- ☐

- ☐
- ☐
- ☐
- ☐
- ☐
- ☐
- ☐

## *Instructions*

# Recipe

**SERVES:**  **PREP TIME:**  **BAKE TIME:**

## Ingredients

## Instructions

| SERVES: | PREP TIME: | BAKE TIME: |

## *Ingredients*

## *Instructions*

# Recipe

**SERVES:** | **PREP TIME:** | **BAKE TIME:**

## Ingredients

## Instructions

| SERVES: | PREP TIME: | BAKE TIME: |

## *Ingredients*

## *Instructions*

| SERVES: | PREP TIME: | BAKE TIME: |

## *Ingredients*

## *Instructions*

# Recipe

**SERVES:** | **PREP TIME:** | **BAKE TIME:**

## Ingredients

- ☐
- ☐
- ☐
- ☐
- ☐
- ☐
- ☐

- ☐
- ☐
- ☐
- ☐
- ☐
- ☐
- ☐

## Instructions

# Recipe

**SERVES:**     **PREP TIME:**     **BAKE TIME:**

## Ingredients

## Instructions

| SERVES: | PREP TIME: | BAKE TIME: |

## *Ingredients*

## *Instructions*

# Recipe

**SERVES:**     **PREP TIME:**     **BAKE TIME:**

## Ingredients

## Instructions

| SERVES: | PREP TIME: | BAKE TIME: |

## Ingredients

## Instructions

# Recipe

**SERVES:**  **PREP TIME:**  **BAKE TIME:**

## *Ingredients*

## *Instructions*

**SERVES:**     **PREP TIME:**     **BAKE TIME:**

## Ingredients

- [ ]
- [ ]
- [ ]
- [ ]
- [ ]
- [ ]
- [ ]

- [ ]
- [ ]
- [ ]
- [ ]
- [ ]
- [ ]
- [ ]

## Instructions

| SERVES: | PREP TIME: | BAKE TIME: |

## Ingredients

## Instructions

# Recipe

**SERVES:** **PREP TIME:** **BAKE TIME:**

## Ingredients

- 
- 
- 
- 
- 
- 
- 

## Instructions

# Recipe

**SERVES:**  **PREP TIME:**  **BAKE TIME:**

## *Ingredients*

## *Instructions*

| SERVES: | PREP TIME: | BAKE TIME: |

## Ingredients

## Instructions

**SERVES:** **PREP TIME:** **BAKE TIME:**

## Ingredients

## Instructions

# Recipe

**SERVES:** **PREP TIME:** **BAKE TIME:**

## Ingredients

## Instructions

# Recipe

**SERVES:** | **PREP TIME:** | **BAKE TIME:**

## Ingredients

## Instructions

# Recipe

**SERVES:** **PREP TIME:** **BAKE TIME:**

## Ingredients

## Instructions

# Recipe

**SERVES:** **PREP TIME:** **BAKE TIME:**

## *Ingredients*

## *Instructions*

# Recipe

**SERVES:**     **PREP TIME:**     **BAKE TIME:**

## *Ingredients*

## *Instructions*

# Recipe

**SERVES:** | **PREP TIME:** | **BAKE TIME:**

## Ingredients

## Instructions

# Recipe

**SERVES:** | **PREP TIME:** | **BAKE TIME:**

## *Ingredients*

## *Instructions*

# Recipe

**SERVES:** | **PREP TIME:** | **BAKE TIME:**

## Ingredients

## Instructions

# Recipe

**SERVES:** | **PREP TIME:** | **BAKE TIME:**

## *Ingredients*

## *Instructions*

# Recipe

**SERVES:** | **PREP TIME:** | **BAKE TIME:**

## *Ingredients*

- ☐
- ☐
- ☐
- ☐
- ☐
- ☐
- ☐

- ☐
- ☐
- ☐
- ☐
- ☐
- ☐
- ☐

## *Instructions*

# Recipe

**SERVES:** | **PREP TIME:** | **BAKE TIME:**

## Ingredients

## Instructions

# Recipe

**SERVES:** **PREP TIME:** **BAKE TIME:**

## *Ingredients*

## *Instructions*

# Recipe

| SERVES: | PREP TIME: | BAKE TIME: |

## Ingredients

- [ ]
- [ ]
- [ ]
- [ ]
- [ ]
- [ ]
- [ ]

- [ ]
- [ ]
- [ ]
- [ ]
- [ ]
- [ ]
- [ ]

## Instructions

# Recipe

**SERVES:** **PREP TIME:** **BAKE TIME:**

## Ingredients

## Instructions

# Recipe

**SERVES:** | **PREP TIME:** | **BAKE TIME:**

## Ingredients

- [ ]
- [ ]
- [ ]
- [ ]
- [ ]
- [ ]
- [ ]

- [ ]
- [ ]
- [ ]
- [ ]
- [ ]
- [ ]
- [ ]

## Instructions

# Recipe

**SERVES:**  **PREP TIME:**  **BAKE TIME:**

## Ingredients

## Instructions

# Recipe

| SERVES: | PREP TIME: | BAKE TIME: |

## Ingredients

- 
- 
- 
- 
- 
- 
- 
- 
- 
- 
- 
- 
- 
- 
- 

## Instructions

# Recipe

**SERVES:** | **PREP TIME:** | **BAKE TIME:**

## Ingredients

## Instructions

# Recipe

**SERVES:** | **PREP TIME:** | **BAKE TIME:**

## Ingredients

## Instructions

# Recipe

| SERVES: | PREP TIME: | BAKE TIME: |

## Ingredients

- [ ]
- [ ]
- [ ]
- [ ]
- [ ]
- [ ]
- [ ]

- [ ]
- [ ]
- [ ]
- [ ]
- [ ]
- [ ]
- [ ]

## Instructions

# Recipe

**SERVES:** | **PREP TIME:** | **BAKE TIME:**

## Ingredients

## Instructions

# Recipe

**SERVES:** **PREP TIME:** **BAKE TIME:**

## Ingredients

## Instructions

# Recipe

**SERVES:** | **PREP TIME:** | **BAKE TIME:**

## Ingredients

## Instructions

# Recipe

| SERVES: | PREP TIME: | BAKE TIME: |

## Ingredients

- ☐
- ☐
- ☐
- ☐
- ☐
- ☐
- ☐

- ☐
- ☐
- ☐
- ☐
- ☐
- ☐
- ☐

## Instructions

# Recipe

**SERVES:** | **PREP TIME:** | **BAKE TIME:**

## Ingredients

## Instructions

# Recipe

| SERVES: | PREP TIME: | BAKE TIME: |

## Ingredients

## Instructions

# Recipe

**SERVES:**     **PREP TIME:**     **BAKE TIME:**

## Ingredients

## Instructions

# Recipe

**SERVES:** | **PREP TIME:** | **BAKE TIME:**

## Ingredients

- ☐
- ☐
- ☐
- ☐
- ☐
- ☐
- ☐

- ☐
- ☐
- ☐
- ☐
- ☐
- ☐
- ☐

## Instructions

# Recipe

**SERVES:** | **PREP TIME:** | **BAKE TIME:**

## Ingredients

## Instructions

# Recipe

**SERVES:** | **PREP TIME:** | **BAKE TIME:**

## Ingredients

## Instructions

# Recipe

**SERVES:**     **PREP TIME:**     **BAKE TIME:**

## Ingredients

## Instructions

# Recipe

**SERVES:** | **PREP TIME:** | **BAKE TIME:**

## Ingredients

## Instructions

# Recipe

**SERVES:** | **PREP TIME:** | **BAKE TIME:**

## Ingredients

- [ ]
- [ ]
- [ ]
- [ ]
- [ ]
- [ ]
- [ ]

- [ ]
- [ ]
- [ ]
- [ ]
- [ ]
- [ ]
- [ ]

## Instructions

# Recipe

**SERVES:** **PREP TIME:** **BAKE TIME:**

## Ingredients

## Instructions

# Recipe

**SERVES:**  **PREP TIME:**  **BAKE TIME:**

## *Ingredients*

## *Instructions*

# Recipe

| SERVES: | PREP TIME: | BAKE TIME: |

## Ingredients

## Instructions

# Recipe

**SERVES:** | **PREP TIME:** | **BAKE TIME:**

## Ingredients

## Instructions

# Recipe

**SERVES:** | **PREP TIME:** | **BAKE TIME:**

## Ingredients

## Instructions

# Recipe

**SERVES:** | **PREP TIME:** | **BAKE TIME:**

## Ingredients

## Instructions

# Recipe

**SERVES:** | **PREP TIME:** | **BAKE TIME:**

## Ingredients

- [ ]
- [ ]
- [ ]
- [ ]
- [ ]
- [ ]
- [ ]

- [ ]
- [ ]
- [ ]
- [ ]
- [ ]
- [ ]
- [ ]

## Instructions

# Recipe

**SERVES:** | **PREP TIME:** | **BAKE TIME:**

## Ingredients

## Instructions

# Recipe

**SERVES:** | **PREP TIME:** | **BAKE TIME:**

## Ingredients

## Instructions

# Recipe

**SERVES:**      **PREP TIME:**      **BAKE TIME:**

## Ingredients

## Instructions

# Recipe

| SERVES: | PREP TIME: | BAKE TIME: |

## Ingredients

## Instructions

# Recipe

**SERVES:** | **PREP TIME:** | **BAKE TIME:**

## Ingredients

## Instructions

# Recipe

**SERVES:** | **PREP TIME:** | **BAKE TIME:**

## Ingredients

## Instructions

# Recipe

| SERVES: | PREP TIME: | BAKE TIME: |

## Ingredients

## Instructions

# Recipe

| SERVES: | PREP TIME: | BAKE TIME: |

## Ingredients

- [ ] 
- [ ] 
- [ ] 
- [ ] 
- [ ] 
- [ ] 
- [ ] 

- [ ] 
- [ ] 
- [ ] 
- [ ] 
- [ ] 
- [ ] 
- [ ] 

## Instructions

# Recipe

**SERVES:** **PREP TIME:** **BAKE TIME:**

## Ingredients

## Instructions

# Recipe

| SERVES: | PREP TIME: | BAKE TIME: |

## Ingredients

## Instructions

# Recipe

**SERVES:** **PREP TIME:** **BAKE TIME:**

## Ingredients

## Instructions

# Recipe

**SERVES:** | **PREP TIME:** | **BAKE TIME:**

## Ingredients

## Instructions

# Recipe

**SERVES:** **PREP TIME:** **BAKE TIME:**

## Ingredients

## Instructions

# Recipe

| SERVES: | PREP TIME: | BAKE TIME: |

## Ingredients

## Instructions

# Recipe

**SERVES:** **PREP TIME:** **BAKE TIME:**

## Ingredients

## Instructions

# Recipe

**SERVES:** | **PREP TIME:** | **BAKE TIME:**

## Ingredients

## Instructions

# Recipe

**SERVES:** | **PREP TIME:** | **BAKE TIME:**

## Ingredients

- [ ]
- [ ]
- [ ]
- [ ]
- [ ]
- [ ]
- [ ]
- [ ]
- [ ]
- [ ]
- [ ]
- [ ]
- [ ]
- [ ]

## Instructions

# Recipe

| SERVES: | PREP TIME: | BAKE TIME: |

## Ingredients

## Instructions

# Recipe

| SERVES: | PREP TIME: | BAKE TIME: |

## Ingredients

## Instructions

# Recipe

**SERVES:** | **PREP TIME:** | **BAKE TIME:**

## Ingredients

## Instructions

# Recipe

**SERVES:** | **PREP TIME:** | **BAKE TIME:**

## *Ingredients*

## *Instructions*

# Recipe

**SERVES:** | **PREP TIME:** | **BAKE TIME:**

## Ingredients

## Instructions

# Recipe

**SERVES:** | **PREP TIME:** | **BAKE TIME:**

## Ingredients

## Instructions

# Recipe

| SERVES: | PREP TIME: | BAKE TIME: |

## Ingredients

## Instructions

Printed in Great Britain
by Amazon